Die
Stellung der Notenbanken
in der
heutigen Volkswirtschaft

Von

Dr. Karl von Lumm

BERLIN 1909.

J. Guttentag, Verlagsbuchhandlung,
G. m. b. H.

Mit den grossen Umwälzungen und Neugestaltungen in der Struktur der modernen Volkswirtschaft sind auch die Bedingungen andere geworden, unter denen die einzelnen wichtigen Organe der Volkswirtschaft zu arbeiten haben. Es verschieben sich teilweise die Ziele und es ändern sich die Mittel. Dies gilt bei der ausserordentlichen Bedeutung, welche die Zentralnotenbanken für das wirtschaftliche Leben haben, in besonders hohem Masse auch für diese Institute. Der Zweck dieser Ausführungen ist, die Verschiebungen darzustellen, die sich unter unseren Augen in der Stellung der Notenbanken, in ihren Aufgaben und in den Mitteln, mit welchen sie ihre Aufgaben erfüllen, vollzogen haben.

Die Vergrösserung aller volkswirtschaftlichen Dimensionen, die sich namentlich geltend macht in der enormen Steigerung der im nationalen und internationalen Verkehr umgesetzten Summen sowie in der zeitweiligen Zusammendrängung gewaltiger Umsätze auf ganz kurze Zeiträume, bewirkte einmal die ausserordentliche Verfeinerung der gesamten Kreditorganisation durch eine spezialisierte Ausbildung bestimmter Zahlungs- und Verrechnungsmethoden und hatte andererseits die Entwicklung neuer riesenhafter Organe des Kreditverkehrs, wie sie die modernen Privatbanken darstellen, im Gefolge.

---

[1]) Der Aufsatz ist die in einigen Punkten erweiterte Wiedergabe eines Vortrages, welchen der Verfasser am 9. März d. J. in der Gesellschaft Oesterreichischer Volkswirte in Wien gehalten hat.

Diese Ausbildung der Kreditorganisation, die sich zum grossen Teil abseits der Notenbanken vollzogen hat, führte wiederum zu einer bedeutenden Erhöhung der Leistungsfähigkeit des gesamten dem Geld- und Kreditverkehr dienenden Mechanismus; die wirtschaftliche Ausnutzung der gleichen Geldsumme, des gleichen Wertobjekts wird bis zur äussersten Grenze gesteigert, und nur durch diese Steigerung war die grossartige Entwicklung der modernen Volkswirtschaft überhaupt möglich.

Die Fortschritte im Geld- und Kreditverkehr haben den Notenbanken die Erfüllung ihrer Funktionen in vieler Beziehung wesentlich erleichtert. Auch die mächtigste Notenbank kann ihre Aufgaben ohne Scheck- und Verrechnungsverkehr jeder Art, ohne die Mitwirkung der grossen privaten Kreditinstitute heute nicht mehr befriedigend erfüllen. Aber auf der anderen Seite ist nicht zu verkennen, dass die so stark vergrösserten Verhältnisse viel schwerer zu übersehen und zu beherrschen sind und dass der verfeinerte Apparat des Kreditsystems in kritischen Zeiten heftigeren Störungen ausgesetzt ist, als dies früher unter kleineren und einfacheren Verhältnissen der Fall war. Nach dieser Seite ist also in den Aufgaben der Notenbanken eine Steigerung eingetreten; sie war es auch, die in fast allen Ländern zur Zentralisation des Notenbankwesens gedrängt hat. Wo neben der Zentralnotenbank noch kleinere Institute mit dem Recht der Notenausgabe vorhanden sind, wie in Deutschland und England, haben sie keine erhebliche Bedeutung mehr, in anderen Ländern, wie der Schweiz, ist eine Zentralbank an die Stelle vieler Banken getreten, und in den Vereinigten Staaten von Amerika, wo die historische Entwicklung und die politischen Verhältnisse der Errichtung einer Zentralnotenbank widerstreben, macht sich dieser Mangel immer mehr fühlbar. Dieser Sieg der Zentralisation ist die Folge der Erkenntnis, dass die wachsenden Aufgaben, die den Notenbanken in dem sich ständig erweiternden Rahmen der Volkswirtschaft zufallen, nur durch eine grosse Zentralnotenbank mit Erfolg gelöst werden können.

Die Stellung der Notenbanken musste durch die Veränderungen im Zahlungsverkehr ebenso berührt werden wie durch die Wandlungen in der Kreditorganisation, da die Zentralnotenbanken in erster Reihe zur Regelung des Geldumlaufs und Erleichterung des Zahlungsverkehrs berufen sind und gleichzeitig die Spitze der ganzen Kreditorganisation bilden. Die Darstellung wird sich nur mit den Zentralnotenbanken der wichtigsten Länder beschäftigen. Wenn dabei die deutsche Reichsbank vielfach in den Vordergrund treten wird, so ist das dadurch gerechtfertigt, dass die zu schildernden Veränderungen bei ihr zum Teil den prägnantesten Ausdruck finden.

Die Ausbildung des wirtschaftlichen Verkehrs hat den Bedarf an Zahlungsmitteln in ungeahnter Weise ausgedehnt, während gleichzeitig sich das Mass der Schwankungen, denen dieser Bedarf infolge des Wechsels der Jahreszeiten wie der Wirtschaftsperioden unterworfen ist, erheblich erweiterte. Daher wurden die Edelmetallvorräte, vor allem die Goldvorräte trotz der vermehrten Produktion für die Bewältigung des ausserordentlichen Verkehrs immer unzureichender, andererseits nahm das Bedürfnis nach Zahlungsmitteln, deren Verwendung bequemer und wirtschaftlich vorteilhafter war, an Dringlichkeit zu. Es handelte sich also darum, den vermehrten Verkehrsbedarf durch geeignete Zahlungsmittel zu befriedigen, deren Menge den immer stärker werdenden Schwankungen dieses Bedarfs angepasst werden konnte. Die Notenbanken waren es vor allem, denen diese Aufgabe zufiel. Sie war in den einzelnen Ländern verschieden, mehr noch war dies die Lösung, da sie zu verschiedenen Zeiten und unter der Herrschaft verschiedenartiger wirtschaftlicher und politischer Verhältnisse unternommen wurde. Die Ergebnisse bieten daher gleichzeitig einen Massstab für die Bewertung der verschiedenen Systeme der Notenausgabe wie der Entwicklung des Zahlungsverkehrs in den einzelnen Ländern überhaupt.

Das deutsche System hat seine wichtigste Bestimmung darin, dass es die Banknote in hervorragend gesunder Weise auf den kurzfristigen Wechsel basierte und somit eine organische Verbindung zwischen der Notenausgabe und dem Wirtschaftsleben herstellte. Auf die hohe, vielfach nicht genügend gewürdigte Bedeutung dieser Bestimmung hat neuerdings Professor Schumacher in seiner ausgezeichneten Arbeit: „Die deutsche Geldverfassung und ihre Reform“ [2]) mit besonderem Nachdruck hingewiesen. Gerade der gute Geschäftswechsel, der an eine Vermögensübertragung anknüpft, bildet die geeignetste Unterlage für die Notenausgabe, deren Höhe mit den Veränderungen des Wechselumlaufs im Lande steigt und fällt und sich damit den wechselnden Bedürfnissen des Wirtschaftslebens automatisch anpasst. Im übrigen ist die Notenausgabe durch die Vorschriften über die Dritteldeckung und die indirekte Kontingentierung des ungedeckten Notenumlaufs gewissen Beschränkungen unterworfen, welche die Reichsbank jedoch nicht hinderten, den durch die wirtschaftliche Entwicklung gesteigerten Ansprüchen an die Elastizität des Notenumlaufs in der Hauptsache gerecht zu werden. Das Festhalten an dem System der indirekten Kontingentierung, über dessen Wert die Meinungen in der Bankenquete ebenso geteilt waren wie in der Literatur, wurde schliesslich hauptsächlich deshalb befürwortet, weil jede Kontingentsüberschreitung gleichsam für den Verkehr ein wichtiges Warnungssignal bilde, das in gegebener Zeit alle Kreise zur Einschränkung ihrer Bedürfnisse mahne. Nur eine Erhöhung des Kontingents, das sich bei der wirtschaftlichen Entwicklung der letzten Jahre als nicht mehr ausreichend erwiesen hat, ist im Gesetzentwurf beantragt. Gleichzeitig soll durch noch weitergehende Verschiebung der Grenze an den Quartalsterminen dem Umstand Rechnung getragen werden, dass die Zahlungssitten in Deutschland den legitimen Bedarf an Zahlungsmitteln zu den Terminen in ganz besonderem Masse steigern.

Für Oesterreich-Ungarn ist das deutsche Notensystem in der Hauptsache vorbildlich gewesen. Auch hier ist daher bei wirtschaftlich gesunder Fundierung eine hinreichende Elastizität gesichert worden. Infolge der

---

[2]) Schmollers Jahrbuch, Band 32, Heft 4.

andersartigen Entwicklung der Währungsverhältnisse ist der Notenumlauf in diesem Lande trotz geringerer wirtschaftlicher Tätigkeit absolut und pro Kopf grösser als in Deutschland, da der Verkehr, gleich wie in Russland, noch vollständig an die Note gewöhnt ist und das Gold vorwiegend als Währungsreserve und nicht als Umlaufsmittel benutzt wird. Daher ist der Goldbestand des Landes noch fast ganz bei der Notenbank zentralisiert, und wenn auch die Oesterreichisch-ungarische Bank seit einiger Zeit die fakultative Barzahlung aufgenommen hat, so ist doch ihre Bewegungsfreiheit den wirtschaftlichen Bedürfnissen des Landes gegenüber völlig ausreichend.

Der Bank von Frankreich ist in der Notenausgabe hinsichtlich der Deckung keine Grenze gesetzt. Die auf langjähriger Gewöhnung beruhende grosse Beliebtheit der Note hat hier eine riesige Erhöhung des Notenumlaufs hervorgerufen. Infolgedessen musste die ziffernmässige absolute Beschränkung der Notenausgabe nach Bedarf allmählich immer weiter hinausgerückt werden, zuletzt im Februar 1906 auf 5,8 Milliarden Francs, ein Betrag, der sich bald wieder als unzulänglich erweisen dürfte. Die Begrenzung ist also ganz wirkungslos geblieben. Die Bardeckung der Noten ist infolge des bedeutenden Metallbestandes verhältnismässig hoch, so dass den weitaus meisten Noten der Charakter von Zertifikatnoten innewohnt. Die Sicherstellung der durch den Barvorrat nicht gedeckten Noten erfolgt auch hier in gesunder Weise durch kurzfristige Wechsel. Aber der ausserordentliche Umfang des Notenumlaufs hat in Frankreich selbst mehrfach Bedenken wachgerufen, da eine weitere Ausdehnung in kritischer Zeit um so schwieriger durchführbar ist und die starke Notenausgabe die Entwicklung anderer Zahlungsmethoden verhindert hat. Im letzten Jahresbericht fordert die Bank von Frankreich auf, durch stärkeren Gebrauch von Schecks zur Verminderung des Notenumlaufs beizutragen.

Ganz entgegengesetzt war die Entwicklung in England und in den Vereinigten Staaten von Amerika. Hier fehlt die organische Verbindung zwischen Notenumlauf und Wirtschaftsleben. Die Bank von England war infolge der starren Bestimmungen der Peels-Akte nicht in der Lage, dem natürlichen Bedürfnis nach Zahlungsmitteln in wünschenswertem Masse zu entsprechen. Ebenso fehlte es in den Vereinigten Staaten bei dem gänzlich anders organisierten, dezentralisierten Notenbanksystem an einer Stelle, welche die Elastizität, die hier besonders notwendig war, in das Zahlungswesen zu bringen vermochte. Da zudem der Wechsel als Instrument des kurzfristigen Kredits in Amerika im Inlandsverkehr nur wenig gebräuchlich ist, so war die in anderen Ländern bewährte rationelle Fundierung des Notenumlaufs auf dem Wechsel nicht möglich. Die Mängel dieses Systems haben sich wiederholt, zuletzt in der Krisis von 1907, deutlich gezeigt. In beiden Ländern hat die starre Beschränkung der Notenausgabe dazu geführt, dass der Bedarf nach Zahlungsmitteln hauptsächlich auf anderem Wege befriedigt werden musste. Damit war hier die Grundlage für die grossartige Entwicklung des Scheck- und Clearingverkehrs gegeben. Ohne diese wäre in England die Zwangsjacke der Peels-Akte nicht erträglich gewesen. In den Vereinigten Staaten von Amerika aber hätte schon längst eine Aenderung des auf volkswirtschaftlich unsinnigen Grundsätzen aufgebauten dezentralisierten Systems der Notenausgabe Platz greifen müssen, wenn sich nicht der Verkehr selbst geholfen hätte, und wenn nicht die private Initiative eine Vermehrung der bankmässigen Geldsurrogate und Zahlungsmethoden herbeigeführt hätte, die geeignet waren, den starken Schwankungen des Geldbedarfs wenigstens einigermassen gerecht zu werden. Nur aus diesen Gründen ist der Notenumlauf in beiden Ländern verhältnismässig stabil. In England war er in den letzten Jahren nahezu immer durch Metall überdeckt.

Die Banknote spielt also in den einzelnen Ländern eine ganz verschiedene Rolle. Das gilt sowohl hinsichtlich der Grösse des Notenumlaufs wie der Art seiner Deckung. Besonders charakteristisch für die verschiedene Bedeutung der Banknoten sind die Schwankungen des Notenumlaufs und zwar die wöchentlichen wie die jährlichen. Die Spannung zwischen dem höchsten und niedrigsten

Notenumlauf ist am grössten bei den Noten der Reichsbank und betrug hier im Jahre 1908 660 Mill. M. Bei der Bank von Frankreich stellte sie sich trotz der viel stärkeren Ausdehnung des gesamten Notenumlaufs nur auf 460 Mill. M., bei der Oesterreichisch-ungarischen Bank auf 350 Mill. M. Dagegen ist der Notenumlauf aus den erwähnten Gründen in England und Amerika so geringen Veränderungen unterworfen, dass die Spannung in England nur 50 Mill. Mark und in dem grossen Gebiet der Vereinigten Staaten noch nicht 60 Mill. M. betrug.

Diese Ziffern lassen erkennen, dass die Atemzüge des Wirtschaftslebens durch die Bewegungen des Notenumlaufs nicht in allen Ländern ihrer Intensität entsprechend registriert werden. In Deutschland, Oesterreich und Frankreich, wo die Notenausgabe auf dem Wechselumlauf beruht, tritt sie in den Dienst der Kreditgewährung an die Volkswirtschaft. Daher ist hier der Notenumlauf starken Veränderungen unterworfen und nur zum Teil durch den Barvorrat gedeckt, die Banknote ist also teilweise eigentliches Kreditpapier. Beides gilt für die genannten drei Länder nicht in dem gleichen Grade, worin sich die wirtschaftliche Verschiedenheit deutlich wiederspiegelt. In England und Amerika dagegen gründet sich die Notenausgabe auf eine Staatsschuld bzw. auf Staatspapiere. Hier fehlt daher die Möglichkeit zu ähnlich starken Schwankungen und die Noten sind ganz oder in der Hauptsache durch Bar gedeckt, die Note dient also hauptsächlich dazu, das Metall in seiner Funktion als Zahlungsmittel zu ersetzen. Die Rolle der Banknote für die Kreditgewährung übernehmen hier die Depositen.[3]) Das Verhältnis zwischen Noten und Depositen hat sich völlig zugunsten der letzteren verschoben. Damit wird aber auch das Verhältnis des Barvorrats zu den Depositen das entscheidende. Denn ganz abgesehen von gesetzlichen Vor-

---

[3]) In Amerika machen gerade die grössten und reichsten Nationalbanken wenig oder keinen Gebrauch von ihrem Recht der Notenausgabe. Vgl J. Lawrence Laughlin, Aus dem amerikanischen Wirtschaftsleben. Leipzig 1907. S. 123.

schriften muss eine Deckung für die Depositen bereitgehalten werden, da die letzteren erfahrungsgemäss in Krisenzeiten mindestens ebenso leicht zurückgefordert werden, als die Noten zur Einlösung präsentiert werden. Für die Politik der Bank von England ist auch nicht mehr die Deckung der Noten, sondern die der Depositen massgebend.

Diese Verschiedenheit, welche die Entwicklung in den einzelnen Ländern zeigt, legt einen Vergleich nahe. Vielfach wird das Scheckwesen gegenüber dem Banknotenwesen als eine höhere Entwicklungsstufe bezeichnet. Gewiss bietet das Scheckwesen sehr wichtige wirtschaftliche Vorzüge, es hat in England und Amerika grosse Erfolge gehabt und wird sich auch in anderen Ländern mehr und mehr ausbreiten. Aber die verdrängende Wirkung, welche es auf die Banknote ausübt, ist doch auch nicht ohne Bedenken. Denn zur Regulierung der schwankenden Zahlungsbedürfnisse ist zweifellos ein elastisches Mittel wie die Banknote am geeignetsten, deren Menge von einer auf hoher Warte stehenden Zentralnotenbank planmässig den wechselnden Verkehrsbedürfnissen angepasst werden kann, ohne dass dabei die Rücksicht auf eine angemessene Bardeckung des Notenumlaufs aus dem Auge verloren werden darf. Vor dem Scheck hat die Banknote ausserdem den Vorzug, dass hinter ihr die Autorität des Staates steht, während Schecks Verpflichtungen von Privaten sind, deren Zahlungsfähigkeit nicht allgemein bekannt ist. Das ist besonders wichtig bei Ausbruch einer Krisis, wo alles nach Bargeld drängt und die unzählige Glieder verbindende Kreditkette plötzlich zerreisst. Andererseits hat der Scheckverkehr mit dem sich daran knüpfenden Clearing-Verkehr die Tendenz, das Bargeld in immer stärkerem Masse aus dem Verkehr zu drängen und dadurch die Gefahren in Krisenzeiten zu verschärfen. In seinen Ausführungen über die Ursachen der letzten Geldkrisis schildert Schumacher den Zusammenbruch des Scheckverkehrs: „Während die Schecks in den Vereinigten Staaten als Zahlungsmittel versagten, behielten die Banknoten diese Eigenschaft in solchem Masse bei, dass sie sogar ebenso wie Münzgeld zum Gegenstand des „Hoarding" gemacht wurden." [4])

Aus alledem ergibt sich, dass der Scheck nicht geeignet ist, die Banknote und bares Geld restlos zu ersetzen und zwar einmal nicht in allen Schichten des Zahlungsverkehrs, weil er sich nicht für alle in der gleichen Weise eignet, ferner weil er nicht in allen Situationen in derselben Weise Stich hält und endlich weil er nicht in demselben Masse einer einheitlichen und planmässigen Regelung zugänglich ist. Es unterliegt keinem Zweifel, dass ein gut entwickeltes Scheckwesen eine wesentliche Entlastung der Notenbanken bedeutet, dass aber auf der anderen Seite da, wo der Scheck das Notenwesen total überwuchert, sich gerade für die notwendige systematische Regelung des Geldumlaufs hinsichtlich der Elastizität Schwierigkeiten ergeben.

Die Ausbildung des Scheckverkehrs, die in England und Amerika eben durch die beschränkenden Bestimmungen der Notenausgabe gefördert wurde, steht in engstem Zusammenhange mit der Entwicklung des Depositenbankwesens. Hierin liegt ein Moment, das für die Veränderung in der Stellung der Notenbanken von entscheidender Bedeutung geworden ist. Denn die Depositenbanken sollten in vieler Beziehung zu Rivalen für die Notenbanken werden.

Die Erkenntnis, dass die durch Bargeld und kurzfristige Forderungen gedeckte Banknote in der vollkommensten Weise den Aufgaben eines Zahlungsmittels gerecht wird, steht mit der Tatsache nicht im Widerspruch, dass auch in denjenigen Ländern, in denen der Notenausgabe keine starren Schranken gesetzt waren, neben der Notenausgabe die bargeldersparenden Zahlungsmethoden mehr und mehr zur Anwendung gekommen sind. Denn einmal hat die Notenausgabe in der Notwendigkeit eines Deckungsfonds eine natürliche Grenze und zweitens wurde schon aus technischen Gründen das Bedürfnis nach anderen Formen des Zahlungsverkehrs ein dringendes. Aber infolge der verschieden-

[4]) Die Ursachen der Geldkrisis, Dresden 1908.

artigen Bestimmungen der Notenemission ist die Entwicklung des Zahlungsverkehrs in Ländern wie Deutschland, Oesterreich und Frankreich andere Wege gegangen als in England und Amerika. In Deutschland war es vor allem der Giroverkehr, den die Reichsbank in hervorragender Weise ausbaute, indem sie ganz Deutschland zu einem einzigen Giroplatz machte. Auch die Oesterreichisch-ungarische Bank folgte diesem Beispiel. Eine wertvolle Einrichtung wurde in diesem Lande ferner durch den Giroverkehr der österreichischen und der ungarischen Postsparkasse geschaffen. Den Postscheckverkehr hat nach den ausgezeichneten Erfahrungen Oesterreich-Ungarns nunmehr auch Deutschland zur Einführung gebracht. Geringer ist die Ausbreitung des Giroverkehrs in Frankreich.

Für die Zahlungsabwicklung hat der Giroverkehr den Vorzug, dass er sich einfacher und schneller vollzieht als der Scheck- und der Clearingverkehr, der ja den Scheckverkehr erst zur vollen Wirkung bringt. Für die Stellung der Notenbanken haben beide Zahlungsarten eine sehr verschiedene Bedeutung. Während der Scheckverkehr vorwiegend ausserhalb der Notenbank dezentralisiert ist und sich gerade auf der Grundlage der Depositenbildung bei privaten Kreditinstituten erst recht entwickeln kann, dient der Giroverkehr, namentlich dann, wenn er fast ganz bei der Notenbank zentralisiert ist, wie in Deutschland, zur Befestigung ihrer Stellung. Denn erstens ermöglicht er durch den Ausbau des Filialnetzes ein stärkeres Eindringen der Bank in weitere Kreise des Verkehrs, zweitens aber erhöht er die Aktionsfähigkeit der Notenbank dadurch, dass er ihr im Wege der Giroguthaben neue Mittel zuführt. In den Ländern mit hoch entwickeltem Giroverkehr sind naturgemäss Scheck- und Abrechnungsverkehr weniger ausgebildet, indessen sind diese Zahlungsmethoden auch hier neuerdings im Wachstum begriffen. Mit der fortschreitenden Ersparung von Bargeld im Zahlungsverkehr wird auch in diesen Ländern die Bedeutung der Banknote für den Zahlungsverkehr mehr zurücktreten.

Diese Ausführungen zeigen, dass die Entwicklung

des Zahlungsverkehrs in den einzelnen Ländern eine ganz verschiedene war, und dass die Notenbanken einen verschiedenen Anteil daran nahmen. Ihre Tätigkeit für den Zahlungsverkehr steht aber in engem Zusammenhang mit ihrer Aufgabe für die Kreditgewährung. Denn die Ausgabe von Banknoten erfolgt, soweit es sich nicht um reine Zertifikatsnoten handelt, im Wege der Kreditgewährung. In dieser Beziehung ist die Stellung der Notenbanken in bedeutendem Masse durch die Umwälzungen in der Kreditorganisation beeinflusst worden. Die Veränderungen auf diesem Gebiet müssen daher zunächst betrachtet werden.

Die schon erwähnte Zentralisation des Notenbankwesens, die von der früheren Freiheit der Notenausgabe zum Notenmonopol führte, bedeutet einen Wendepunkt in der Entwicklung des Bankwesens. An die Stelle der zinslosen Beschaffung von Betriebsmitteln durch die Notenausgabe tritt die Heranziehung von fremden Geldern durch die Gewährung einer Verzinsung. Die Annahme verzinslicher Depositen legte den Grund zu der Entstehung der modernen Banken.

In England wurde die Entwicklung der Depositenbanken gefördert durch den wachsenden Reichtum der Nation, zu dem wirtschaftliche und politische Erfolge den Grund gelegt hatten. Zur Nutzbarmachung der im Lande verfügbaren Kapitalien diente den Banken die Ausdehnung ihres Filialnetzes, die sie im Gegensatz zur Bank von England aufs eifrigste betrieben. Aehnliche Ursachen veranlassten in Frankreich die Ansammlung grösserer Kapitalmengen in den Händen weniger privater Grossbanken. Hier wurde diese Entwicklung ferner durch die geringe wirtschaftliche Betätigung während der letzten Jahrzehnte begünstigt. In beiden Ländern führte der steigende Nationalreichtum dazu, dass die Bedeutung der Zentralnotenbank als Kreditgeberin mehr in den Hintergrund trat. In Deutschland schuf erst die politische Einigung viel später das rechte Fundament für den Bau der modernen Volkswirtschaft. Geweckt durch grösseres Selbstvertrauen begannen die Kräfte der Nation sich auch auf wirtschaftlichem Gebiet zu regen und damit setzte die Entwicklung ein, die schliesslich zu dem gewaltigen industriellen Aufschwung führte. Das erzeugte aber gleichzeitig eine starke Steigerung der Kreditbedürfnisse, während für die Kapitalbildung erst allmählich der Boden geschaffen wurde. Hier blieb daher zunächst die Notenbank noch mehr die wichtigste Kreditquelle des Landes. Daneben wurde freilich zugleich mit der Entfaltung der Volkswirtschaft die Bildung neuer Kreditinstitute gefördert. Beides steht in enger Wechselwirkung. In der Erkenntnis von der grossen Macht der fremden Gelder suchten die Grossbanken den wachsenden Aufgaben durch Heranziehung von Depositen gerecht zu werden. Nach englischem Muster bauten sie das Filialsystem durch Gründung von Zweiganstalten und lokalen Depositenkassen aus. Mehr noch als in anderen Ländern wirkte hier die Konzentrationsbewegung beschleunigend ein, die zum grossen Teil in der wirtschaftlichen, namentlich in der industriellen Expansion und in der geringeren Arbeitsteilung im Bankwesen begründet lag. In Oesterreich-Ungarn ging die Ansammlung von Kapitalien bei den Privatbanken infolge der eigenartigen politischen und wirtschaftlichen Verhältnisse zunächst allerdings langsamer vor sich. Aber auch hier macht sie neuerdings grössere Fortschritte.

Verschieden in ihren Ursachen, ihren Formen und dem Zeitpunkt ihres Eintretens, zeigt also die Entwicklung doch überall die gleiche Tendenz. Neben den Notenbanken wachsen andere grosse Kreditinstitute empor, die immer mehr Mittel in ihren Händen vereinigen. Dies hat den Vorteil, dass für die in Art und Umfang steigenden Kreditbedürfnisse neue Kreditquellen sich erschliessen und die Kreditorganisation durch Bildung neuer Gruppen erweitert wird. Hierdurch wird die für das Ganze notwendige und erspriessliche Arbeitsteilung erst ermöglicht. Je mehr diese Entwicklung aber fortschreitet, desto mehr muss sie dahin führen, die Wirksamkeit der Notenbanken zu beeinträchtigen, da einmal im Diskontgeschäft, ihrem wichtigsten Aktivgeschäft, ein verschärfter Wettbewerb einsetzt, und andererseits die übrigen Kreditinstitute unabhängiger werden vom Kredit der Notenbanken. Die Verwendung der fremden Gelder, die sich bei den Privatbanken sammeln, ist zwar in den einzelnen Ländern verschieden. Aber überall wird, namentlich soweit es sich um kurzfristige Gelder handelt, eine liquide Anlage notwendig. Dazu dient in erster Linie der Wechsel. Es entsteht also naturgemäss grössere Nachfrage nach dem vorhandenen Wechselmaterial. Gleichzeitig aber vollzieht sich eine bedeutende Veränderung in der Struktur dieses Wechselmaterials.

In England ist der Wechselverkehr durch den Scheckverkehr stark beeinträchtigt worden, und mit der Vervollkommnung der Kreditorganisation und der Zunahme des Kapitalreichtums ist vielfach die sofortige Schuldbegleichung an die Stelle des Wechselkredits getreten. Andererseits wurde der Warenwechsel teilweise durch das Bankakzept ersetzt. Schon 1873 hat Palgrave auf die Abnahme des Wechselverkehrs hingewiesen. Auch die Einführung der telegraphischen Zahlungsanweisung (cable transfer) hat im internationalen Verkehr zur Verminderung des Wechselumlaufs beigetragen. Charakteristisch für die Zunahme des Schecks auf Kosten des Wechsels im Verkehr zwischen England und Deutschland ist auch die Tatsache, dass seit kurzem an der Berliner Börse der Scheck London amtlich notiert wird, und zwar täglich, während bisher nur die Kurse der kurzen Wechsel und der Dreimonatswechsel dreimal in der Woche zur Notiz gelangten.

In Deutschland ist zwar der Wechselumlauf in weit höherem Grade gestiegen, als es der Bevölkerungsvermehrung entspricht. Dabei ist aber eine bedeutsame qualitative Veränderung zu beobachten. Auch hier wird der Warenwechsel verdrängt und die Zahlung durch Giroüberweisung, Schecks oder auf runde Summen lautende Bankakzepte gefördert.

Dem Bankakzept ist im Kreditverkehr des Landes eine bedeutsame Rolle zugewiesen. Ebenso wie die Heranziehung von Depositen dient der Akzeptkredit den Grossbanken zur Beschaffung der für die Kreditgewährung an die Industrie erforderlichen Mittel. Die Akzeptverbindlichkeiten der grossen deutschen Aktienbanken haben sich in der Zeit von 1883 bis 1907 von 374 Mill. auf 2176 Mill. M.

am Jahresende gesteigert. Ueber die starke Ausdehnung des Akzeptkredits in Deutschland ist ja in Literatur und Presse wiederholt geschrieben worden. Die Entwicklung beruht darauf, dass auf diesem Wege die billigste Art der Geldbeschaffung ermöglicht wird, da das Bankakzept zu den niedrigsten Sätzen Unterkunft findet. Zur Notenbank geht es erst in letzter Linie, meist kurz vor dem Fälligkeitstermin. Neben dem legitimen Gebrauch im Warenverkehr wird der Akzeptkredit in grossem Stil missbräuchlich auch zur Beschaffung von Anlage- und Betriebskapital benutzt, also für Zwecke, für die der Wechselkredit seiner Natur nach überhaupt nicht bestimmt ist. Dem gleichen illegitimen Zweck einer dauernden Kapitalbeschaffung dienen auch vielfach in anderer Form ausgestellte Kreditwechsel, namentlich Gefälligkeitswechsel, bei denen eine Bank als Remittent fungiert und die ebenfalls oft auf Jahre hinaus prolongiert werden müssen.

Der so in Wechselform auftretende Begehr nach langfristigem Kredit zu Kapitalinvestitionen vermehrt das nach Realisierung strebende Diskontmaterial und führt eine andauernde Belastung des Geldmarktes herbei, da Rückflüsse aus den stets bei Verfall wieder prolongierten Wechseln nicht stattfinden. Infolgedessen wird der Zinsfuss für den legitimen kurzfristigen Kredit, der im Diskont zum Ausdruck kommt, in ungerechtfertigter Weise in die Höhe getrieben, was besonders in Zeiten wirtschaftlicher Expansion, in denen ohnehin eine Steigerung der Geldsätze eintritt, unangenehm empfunden wird.

Die Portefeuillerevisionen bei der Reichsbank haben vor einiger Zeit ergeben, dass eine Reihe solcher lediglich der Kapitalbeschaffung dienenden Prolongationswechsel, die vielfach nur schwer als solche zu erkennen waren, sich in das Bankportefeuille eingeschlichen hatten. Sie bilden für eine Notenbank natürlich keine geeignete Anlage, namentlich dann nicht, wenn sie aus erster Hand angekauft werden, und ihre Abstossung wurde sofort in die Wege geleitet. Dadurch hat die Reichsbank nicht nur die Qualität ihrer Wechselanlage verbessert, sondern auch eine nicht unerhebliche Entlastung des Bankstatus herbeigeführt, die wiederum in der Richtung einer Verbilligung des Diskonts wirken muss. Die Massnahme wird auch dazu beitragen, die Zinssätze am offenen Markt dem Banksatz zu nähern und somit den Erfolg der Diskontpolitik zu erhöhen. Durch die Wirkung der Restriktionen ist also die Rüstung der Reichsbank zweifellos gestärkt worden. Andererseits werden sie freilich dahin führen, dass der direkte Verkehr der Reichsbank mit Handel, Industrie und Landwirtschaft weiter eingeschränkt wird. Mehr als bisher wird die Geschäftswelt fortan auch ihre anderen Wechsel zu den Privatbanken geben, bei denen sie ausserdem ihre sonstigen Transaktionen vornimmt. Fördernd in dieser Richtung wirkt ohnehin die fortgesetzte Ausbreitung des Filialnetzes der Grossbanken. Ihr Kundenkreis wird sich mit der Entwicklung des Scheckverkehrs noch weiter ausdehnen. Dagegen wird die Reichsbank in Zukunft immer mehr zur Bank der Banken werden.

Letzeres gilt schon seit langem von der Bank von Frankreich, die, von geringfügigen Beschränkungen abgesehen, jederzeit an der Forderung einer dritten Unterschrift festgehalten hat. Im Gegensatz zu England und teilweise auch Deutschland spielt der Wechsel, insbesondere der Warenwechsel, in Frankreich immer noch die Hauptrolle, wenngleich auch dort sich neuerdings Spuren einer missbräuchlichen Verwendung des Wechsels zeigen. Die Vorherrschaft des Wechsels gründet sich auf die jahrhundertelange Gewöhnung der Bevölkerung und auf das Eindringen des Wechsels in die weitesten Kreise des Kleinverkehrs. Aber der Anteil der Bank von Frankreich an dem vorhandenen Wechselumlauf ist geringer als derjenige der Reichsbank. Die Mehrzahl der Wechsel erhält sie meist erst kurz vor Verfall; sie werden ihr dann infolge der niedrigen Mindestabzüge bei der Diskontierung zugeführt, so dass die Bank in Wahrheit lediglich die Rolle eines Inkassoinstituts versieht.

So zeigt sich also, dass das für die Zentralnotenbanken am meisten geeignete Diskontmaterial sich vermindert und zum Teil zu billigeren Sätzen von anderen Banken herangezogen wird, deren Einfluss am Diskontomarkt wächst. Erst bei eintretendem Bedarf rediskontieren diese bei der Notenbank. Andererseits nimmt aber mit der Vermehrung der fremden Mittel die Bedeutung der Privatbanken in der Kreditgewährung überhaupt zu. Diese erfolgt ausser im Wechseldiskontgeschäft vor allem im Kontokorrent- und Emissionsgeschäft. Gerade auf diesen Gebieten wird neuerdings eine lebhafte Tätigkeit entfaltet. Auf diese Weise wird ein immer grösserer Teil des Geld- und Kreditverkehrs ausserhalb der Notenbanken erledigt und erst an letzter Stelle dienen die Notenbanken zur Regulierung des Kreditverkehrs. Aber da die Zentralnotenbank letzte Kreditquelle bleibt, muss sich der letzte Ansturm doch immer gegen sie richten. Dadurch wird die Inanspruchnahme schwankender, entsprechend den Bedürfnissen der übrigen Banken. Das gilt besonders für diejenigen Notenbanken, deren Notenausgabe nicht durch einschränkende Gesetzesvorschriften beengt wird. In Zeiten geringerer Kreditbedürfnisse tritt die Notenbank mehr zurück, die übrigen Kreditinstitute beherrschen den Geldmarkt und befriedigen die Nachfrage nach Kredit. In Zeiten grösseren Bedarfs wird dagegen die Anspannung der Notenbanken um so grösser, da sie nun auch von den übrigen Banken um so stärker in Anspruch genommen werden. Diese stossweise Inanspruchnahme der Notenbanken spiegelt sich deutlich in den grossen Schwankungen ihrer Liquidität wieder.

Die Folgen dieser Schwankungen sind, dass der Ueberblick über die Gestaltung der Kreditbedürfnisse für die Notenbanken immer schwieriger wird und damit ihre Massnahmen an Wirksamkeit einbüssen.

Das ist aus verschiedenen Gründen für die Reichsbank in höherem Grade als für alle anderen Notenbanken zutreffend. Mehr als in anderen Ländern drängt sich in Deutschland infolge tief eingewurzelter Zahlungssitten der Bedarf auf die grossen Zahlungstermine, insbesondere die Vierteljahrsschlüsse und den Jahresschluss, zusammen. Ausserdem nehmen die deutschen Grossbanken in gewöhnlichen Zeiten einen wachsenden Teil des Kreditverkehrs bei sich auf und erst an den Terminen wird der Kreditbedarf in der Hauptsache auf die Reichsbank abgewälzt. Dazu kommt, dass auch das Reich in neuerer Zeit grosse Ansprüche an die Reichsbank stellt und zwar oft zu den ungünstigsten Zeitpunkten, so dass die Wirkungen, welche die Bedürfnisse des Wirtschaftslebens auf die Lage der Bank ausüben, noch verschärft werden. Die Schwankungen in der Inanspruchnahme der Reichsbank sind in den letzten Jahren immer grösser, ihre Anspannung an den Terminen ist immer stärker geworden. Den besten Massstab dafür bildet die Bewegung der ungedeckten Noten. Die Spannung zwischen Maximum und Minimum der ungedeckten Noten, die vor dem Jahre 1895 innerhalb eines Kalenderjahres den Betrag von 488 Mill. M. niemals überschritten hatte, nahm seitdem mit nur geringen Unterbrechungen zu und erreichte im Jahre 1905 ihren Höhepunkt mit 959 Mill. M. Damals hat die Reichsbank allein in der letzten Septemberwoche einen Betrag von 543 Mill. M. ungedeckter Noten dem Verkehr zur Verfügung gestellt. Die bisher überhaupt stärkste Inanspruchnahme innerhalb einer Woche hat der Quartalstermin Ende März dieses Jahres gebracht. Mehr als 600 Mill. M. betrug die Zunahme ungedeckter Noten in der letzten Märzwoche. Das ist ein Betrag, der grösser ist als das steuerfreie Notenkontingent, der also genügt hätte, um die Bank, selbst wenn ihr Notenumlauf am 23. März voll durch bar gedeckt gewesen wäre, in die Steuerpflicht zu bringen. Die Bardeckung der Noten sank in dieser einzigen Woche von 89% auf 59%. Derartige Veränderungen sind in früheren Jahren auch nicht annähernd zu verzeichnen gewesen. Und das geschah in einer Zeit flüssigen Geldstandes bei einem Bankdiskont von nur $3\frac{1}{2}$%, einem Privatdiskont von $2\frac{5}{8}$%, der sich schon bis zum 3. April auf 2% ermässigte, und bei einem Stande der Wechselkurse, der grössere Goldabflüsse ins Ausland nicht zuliess. In der letzten Märzwoche ergaben die Goldbewegungen Deutschlands im Verkehr mit dem Ausland sogar noch einen geringen Goldeingang.

Das plötzliche Auftreten des Kreditbedarfs bildet besonders in geldknappen Zeiten eine Gefahr, da es die Reichsbank ganz überraschend und daher unvorbereitet treffen kann. Sie vermag es aber nicht zu hindern, dass ihr grosse Mengen von Wechseln in das Portefeuille geworfen werden.

Sie kann sich auch nur schwer gegen die Hereinnahme von Wechseln wehren, die dem langfristigen Kredit dienen, wenn solche ihr mit mehreren Unterschriften versehen in kurzer Sicht eingereicht werden. Denn erstens wird der illegitime Charakter dieser Wechsel oft gar nicht erkennbar sein, und ausserdem kann die Reichsbank in solcher Zeit nicht plötzlich ihre Diskontierungen einschränken. Diskonterhöhungen aber können dann entweder nicht rechtzeitig genug erfolgen oder nur eine ungenügende Wirkung ausüben. So musste die Reichsbank im Jahre 1905 innerhalb von drei Monaten vom 11. September ab ihren Diskont sukzessive von 3 pCt. auf 6 pCt. erhöhen, ohne dadurch eine wesentliche Milderung ihrer Anspannung bis zum Jahresschluss herbeiführen zu können.

In der Erschwerung der Diskontpolitik liegt der Schwerpunkt der ganzen Entwicklung. Die Notenbanken sollen die Kreditbedürfnisse des Landes in letzter Linie befriedigen, sie müssen aber vor allem die Währung schützen und für die Aufrechterhaltung einer ihren Verbindlichkeiten angemessenen Goldreserve Sorge tragen. Den gesteigerten Anforderungen hinsichtlich der Beschaffung von Umlaufsmitteln wie der Befriedigung des Kreditbedarfs der Volkswirtschaft können sie daher nur in bestimmten Grenzen nachkommen. Diese Grenzen werden noch enger gezogen, wenn die Notenbanken in grösserem Umfange dauernd vom Staat in Anspruch genommen werden, wie dies in England und Frankreich und in letzter Zeit auch in Deutschland, und zwar hier durch vermehrte Diskontierung von Reichsschatzscheinen bei der Reichsbank der Fall war.

Zur Erhaltung einer ausreichenden Deckung für ihre Verpflichtungen dient den Notenbanken die Diskontpolitik. Sie haben die Pflicht, durch rechtzeitige Erhöhung des Diskonts einer zu starken Ausdehnung der Kreditbedürfnisse entgegenzutreten und besonders in Zeiten der Hochkonjunktur Ueberspekulationen zu unterdrücken. Zum Schutz der Währung kann die Bank genötigt sein, zeitweise an einem Diskontsatz festzuhalten, der der Auffassung von der Lage des Geldmarktes, wie sie im Privatdiskont zum Ausdruck kommt, nicht entspricht. Für kurze Fristen ist Geld oft reichlich vorhanden, besonders dann, wenn den Privatbanken ausser den Depositen auch Guthaben aus Emissionen zur Verfügung stehen, die sie nur auf kurze Termine anlegen können; infolgedessen sinkt der Privatdiskont, und am Geldmarkt herrscht scheinbar grosse Flüssigkeit. Gleichzeitig ist aber Geld für längere Fristen nur schwer erhältlich, der Kapitalmarkt ist stark angespannt und die Zentralnotenbank muss an einem hohen Diskont festhalten. Der Börsendiskont bleibt dann weit hinter dem Bankdiskont zurück. Die durchaus erwünschte und zur Erreichung des von der Bank erstrebten Zieles erforderliche Fühlung mit dem Markt geht verloren, wenn die Bank nicht auch über Mittel verfügt, um den Markt derart zu verengen, dass der Börsendiskont sich dem Banksatz mehr anpasst. Die Bank muss daher nicht allein als Geldgeber, sondern unter Umständen auch als Geldnehmer am Markt auftreten können. Diese Macht der Notenbanken ist indes nur eine sehr begrenzte.

Das hat sich in Deutschland wiederholt gezeigt, besonders deutlich Anfang Februar dieses Jahres, als der Privatdiskont mit $1\,^7/_8\,\%$ notiert wurde, während die Reichsbank sich angesichts der hohen Wechselkurse und der unsicheren politischen Lage gezwungen sah, an einem Diskontsatz von $4\,\%$ festzuhalten. Die Versuche, durch Rediskontierung von Schatzscheinen am Markt eine Steigerung des Privatdiskonts zu erzielen, hatten nur einen halben Erfolg. Im Januar war die eigentümliche Situation zu verzeichnen, dass Berlin einen höheren Bankdiskont hatte als London und Paris und dennoch gleichzeitig einen niedrigeren Privatdiskont. Ueberhaupt ist die Spannung zwischen Bank- und Marktdiskont in Deutschland meistens weit grösser als in anderen Ländern. Während sie sich in Berlin für den Zeitraum von 1876 bis 1908 im Durchschnitt auf zirka $1\,\%$ stellte, betrug sie in London noch nicht $^3/_4\,\%$ und in Paris und Wien weniger als $^1/_2\,\%$. Dabei ist freilich zu beachten, dass die Bedeutung der Diskontsätze nicht überall die gleiche ist. In England stellt der Bankdiskont einen Mindestsatz dar, der je nach der Lage des Geldmarkts überschritten wird, in besonderen Fällen diskontiert die Bank aber auch unter dem offiziellen Satze. Die Bank von Frankreich hält zwar an einem einheitlichen Diskontsatz fest, dieser verteuert sich aber für die Geschäftswelt, namentlich für den Mittelstand und den Kleinverkehr dadurch, dass eine dritte Unterschrift beschafft werden muss, bevor die Wechsel an die Notenbank gegeben werden können. In Deutschland können alle Geschäftskreise bei der Reichsbank zu dem gleichen Zinssatz direkt diskontieren.

Für den Erfolg der Diskontpolitik ist das Verhältnis der privaten Diskontsätze zum Satz der Zentralnotenbank von grösster Bedeutung. Denn die Höhe des Privatdiskonts ist massgebend für die internationalen Geldübertragungen, da das Ausland Gelder auf kurze Termine, besonders sogenannte Pensionen in ersten Wechseln (Bankakzepten) anlegt, die auf Grund des Privatdiskonts berechnet werden. Damit wird der Privatdiskont bestimmend für die Gestaltung der Wechselkurse. Ein niedriger Privatdiskont bietet dem Ausland keinen Anreiz zur Kapitalanlage und wirkt steigernd auf die Wechselkurse. Bei grösserer Spannung zwischen beiden Sätzen muss also der Einfluss der Diskontpolitik auf die internationalen Kapitalbewegungen mehr und mehr versagen.

Mit der im Vergleich zu früher viel grösseren Solidarität der Geldmärkte ist die Uebertragung kurzfristiger Gelder zwischen den einzelnen Ländern wesentlich erleichtert worden. Dadurch wird sowohl der Abfluss inländischen Kapitals bei höherem Zinsfuss im Ausland, wie der Zufluss ausländischen Kapitals bei höherem Zinsfuss im Inland begünstigt. Das wird naturgemäss für die Volkswirtschaft oft sehr erwünscht sein und auf die Zinssätze in den einzelnen Ländern ausgleichend wirken. Auf der anderen Seite werden aber dadurch die Dispositionen der Notenbanken erschwert, denn die internationalen Kapitalströmungen können Goldabfluss oder Goldrückfluss gerade dann zur Folge haben, wenn es für die Notenbanken am wenigsten erwünscht ist. Der Einfluss der Notenbanken auf die internationalen Edelmetallbewegungen wird also geschmälert. Besonders die kurzfristigen Gelder sind in ihren Bewegungen ein unberechenbares Moment für die Diskontpolitik, da vielfach nicht vorauszusehende Umstände zu unerwarteten Zurückziehungen Anlass geben können. So bewirkte beispielsweise die durch die Marokkofrage hervorgerufene Verstimmung einen umfangreichen Rückfluss von Geldern, die Frankreich in Deutschland stehen hatte. Aber auch langfristige Kapitalübertragungen gewinnen im internationalen Verkehr an Bedeutung, je mehr der Güteraustausch unter den Ländern zunimmt. Gerade hier liegt ein wichtiges Arbeitsfeld für die grossen internationalen Kreditinstitute. Die Kapitalausleihung an das Ausland enthält insofern ein günstiges Moment, als mit den Eingängen an Zinsen, Gewinnen usw. die Zahlungsbilanz des geldgebenden Landes für die Zukunft dauernd um einen Aktivposten vermehrt wird. Zunächst aber belastet sie diese durch Steigerung der Verpflichtungen, und der Kapitalexport kann direkt einen entsprechenden Goldabfluss zur Folge haben. Am ungünstigsten ist es, wenn Kapital auf lange Fristen an das Ausland weggegeben wird und gleichzeitig kurzfristige Gelder entnommen werden.

Aus alledem ergibt sich, dass die Fähigkeit der Notenbanken zum Schutze der Währung beeinträchtigt wird. Das ist in doppelter Weise bedenklich. Einmal ist im Inlande die Notenbank weniger als früher imstande, den Kreditverkehr zu überwachen und Ueberspannungen rechtzeitig vorzubeugen. Sie gelangt dadurch unter Umständen schliesslich selbst, ohne dass sie es zu hindern vermag, an die Grenzen ihrer Leistungsfähigkeit. Diese Entwicklung wird in ihrer Bedeutung dadurch erhöht, dass der Kredit überhaupt einen zunehmenden Einfluss gewinnt, und die Barreserve nicht in dem Masse wächst wie das sich darauf aufbauende Kreditgebäude. Die Barreserve des Landes ist ausserdem leichteren Zugriffen vom Auslande ausgesetzt, da immer mehr Länder in den Weltverkehr eintreten und infolgedessen die internationalen Zahlungsverpflichtungen und Kapitalwanderungen zunehmen, und da überdies immer mehr Länder mit Rücksicht auf ihre Handelsinteressen den Anschluss an die Währung des Weltverkehrs suchen, wobei nach

Lage der Verhältnisse nur die Goldwährung in Frage kommen kann. Auch nach aussen hin wird also die Erhaltung der Währung erschwert, während gerade die Ausdehnung des weltwirtschaftlichen Verkehrs der Stabilität der Valuta besondere Bedeutung verleiht und die Verhütung von Schwankungen dringend erheischt.

Welche Schwierigkeiten in dieser Hinsicht den einzelnen Ländern aus der Verstrickung in den weltwirtschaftlichen Verkehr erwachsen können, hat die amerikanische Krisis im November 1907 deutlich offenbart. Noch lebhaft in aller Erinnerung sind jene Vorgänge, welche den Kampf um das Gold entfesselten und sämtliche Notenbanken Europas zu Schutzmassregeln zwangen, die mit grossen Opfern für die heimische Volkswirtschaft verbunden waren. Am stärksten in Mitleidenschaft gezogen wurden naturgemäss England und Deutschland, die beiden Länder, die den lebhaftesten wirtschaftlichen Verkehr mit der amerikanischen Union unterhalten. Die Bank von England und die Reichsbank waren aber gerade am wenigsten von den grossen Notenbanken für die starken Angriffe gerüstet, und zwar die Reichsbank deshalb, weil sie ohnehin durch den gesteigerten inländischen Bedarf ausserordentlich belastet war. Die Bank von England vermochte denn auch nur dank der Hilfsaktion der Bank von Frankreich jene Angriffe schliesslich abzuschlagen. Wie schon im Jahre 1890 so war sie auch in den Jahren 1906 und 1907 gezwungen, die Unterstützung einer fremden Notenbank in Anspruch zu nehmen. Diesmal mag ihr die politische Annäherung zwischen den beiden Ländern die Bitte um Unterstützung erleichtert haben. In Deutschland aber hat es die Reichsbank in den kritischen Novembertagen des Jahres 1907 nicht zu hindern vermocht, dass der englische Wechselkurs zeitweise über den Goldpunkt hinaus stieg, was der ausländischen Presse den Anlass zu missgünstigen, aber durchaus unberechtigten Kritiken der deutschen Valuta gab. Wenn damals trotz der starken Diskonterhöhungen der europäischen Zentralnotenbanken immerhin noch beträchtliche Goldabflüsse eintraten, so kann das freilich angesichts der abnormen Verhältnisse nicht wundernehmen. Denn Amerika machte gewaltsame Anstrengungen, um Gold aus Europa heranzuziehen und bewilligte Liebhaberpreise von solcher Höhe, dass die Bedeutung der Wechselkurse für die internationalen Goldströmungen völlig eliminiert wurde.

Zeigt sich somit in Zeiten einer gesteigerten wirtschaftlichen Entwicklung, die eine starke Vermehrung der Zahlungsmittel und ein gewaltiges stossweises Anwachsen des Kreditbegehrs zur Folge hat, die Zentralnotenbank diesen vergrösserten Anforderungen nicht mehr in dem Mass wie früher gewachsen, so wird umgekehrt in Zeiten der wirtschaftlichen Stagnation und des Niederganges infolge des Vordrängens der privaten Kreditinstitute und der Zunahme des in ihren Händen vereinigten Kapitals die Notenbank in denkbar geringstem Umfange in Anspruch genommen, zumal das Wechselmaterial, soweit es sich für eine Notenbank überhaupt eignet, im Rückgange begriffen ist. In geldflüssigen Zeiten entsteht damit die Sorge, dass die Notenbank als Diskonteur immer mehr aus dem Wechselverkehr des Landes ausgeschaltet wird und mit dem Wirtschaftsleben jede Fühlung verliert. Die Folge ist dann in solchen Zeiten ein Brachliegen der Mittel und eine Schwächung des Einflusses der Notenbank am Wechselmarkte.

Diese Entwicklung ist in Frankreich und insbesondere in England schon weiter vorgeschritten als in Deutschland. Hier ist sie durch die Vorgänge der letzten Jahre mehr verdeckt worden. Für die Reichsbank wird aber die Frage, wie sie sich auch in geldflüssigen Zeiten die Möglichkeit schaffen kann, ihre Mittel werbend anzulegen, in Zukunft von besonderer Wichtigkeit werden, da keine Bank der Welt für ihr Notenprivileg einen so hohen Preis an den Staat bezahlen muss, wie gerade die Reichsbank infolge der starken Gewinnbeteiligung des Reichs.

Die geschilderte Entwicklung lässt sich in folgender Weise zusammenfassen. Auf der einen Seite hat die Ausdehnung des Zahlungsverkehrs den Bedarf an Zahlungsmitteln ganz erheblich gesteigert und gleichzeitig eine Wandlung in den Zahlungsmethoden zur Folge gehabt, mit der Tendenz, dass das bare Geld gegenüber dem Kredit immer mehr zurücktritt. Die enorme Ausdehnung und Veränderung der Kreditbedürfnisse, die gesteigerte Ausnutzung des Kredits und die damit verbundenen Gefahren erfordern mehr als je zuvor eine strenge Ueberwachung und Leitung der zahlreichen in den verschiedensten Richtungen tätigen Kräfte, und zwar von einer Stelle aus, die nur das Gesamtinteresse des Landes vertritt. Diese Notwendigkeit wird um so dringender, je mehr die in vieler Hinsicht erwünschte Verkettung der Völker durch den Kredit die Möglichkeit von Störungen und Reibungen im internationalen Verkehr vermehrt. Alles in allem: Die Aufgaben der Notenbanken haben sich in der heutigen Volkswirtschaft in mehrfacher Beziehung gesteigert.

Demgegenüber werden die Notenbanken durch die Ausdehnung anderer Kreditorgane aus ihrer beherrschenden Stellung im Geld- und Kreditverkehr mehr und mehr verdrängt. Der Scheck- und Clearingverkehr, welcher den Gebrauch der Banknote einschränkt, erweitert das Wirkungsgebiet der übrigen Banken. Auch im Giroverkehr werden die Leistungen der Notenbanken durch die zunehmende Ausbreitung des Filialnetzes der grossen Privatbanken, die unter sich einen provisionsfreien Inkassoaustausch auf der Basis eines eigenen Giroverkehrs vornehmen, beeinträchtigt. Die Erfüllung ihrer im volkswirtschaftlichen Interesse wichtigsten Aufgabe, ihre verfügbaren Mittel den gestiegenen Kreditbedürfnissen anzupassen, wird für die Notenbanken in geldknappen Zeiten immer schwieriger. Auf der anderen Seite wachsen für sie in geldflüssigen Zeiten — und das ist die Kehrseite — die Schwierigkeiten, ihre Mittel in ausreichendem Masse nutzbringend anzulegen, und sie verlieren dadurch den Ueberblick über den Kreditbedarf des Landes. Das wichtigste Instrument, das der Notenbank für die Erfüllung ihrer vielseitigen und weitwirkenden Funktionen zur Verfügung steht, die Diskontpolitik, wirkt nicht mehr mit der nötigen Schärfe. Je mehr die Solidarität der Geldmärkte zunimmt, je mehr sich die bargeldersparenden Zahlungsmethoden ausbreiten, je mehr die Bedeutung der Notenbank als Kreditgeberin zurücktritt, in desto höherem Grade wird die Bankpolitik durch währungspolitische Rücksichten bestimmt. Das klassische Beispiel dafür bietet die Bank von England. Deshalb muss diese Politik, wie unten dargelegt werden wird, in Zukunft darauf gerichtet sein, möglichst zu verhindern, dass häufiger Diskonterhöhungen zum Schutz des Goldes gegen Abfluss ins Ausland notwendig werden.

Alle diese Wirkungen sind das Resultat einer langjährigen Entwicklung, die in den verschiedenen Ländern mehr oder minder weit vorgeschritten ist. Sie kann nicht ohne weiteres aufgehalten oder gar rückgängig gemacht werden, wenn nicht schwere Schädigungen daraus erwachsen sollen. Denn sie ist eng verbunden mit den Fortschritten im Geld- und Kreditverkehr, durch die der Volkswirtschaft die grössten Dienste geleistet werden. Das wird man bei Würdigung der geschilderten Veränderungen nicht übersehen dürfen. Wenn die Tätigkeit der Notenbanken als Kreditinstitut mehr zurücktreten musste, je mehr diejenige der übrigen Banken sich ausdehnte, so entspricht das dem zweifellos richtigen Grundsatz, dass die Notenbank erst in letzter Linie Kreditgeberin sein soll, und dass sich ihre Aufgabe für die Kreditgewährung ihren wichtigsten Aufgaben, der Regelung des Geldumlaufs und der Erhaltung der Währung durchaus unterzuordnen hat. Dabei darf aber nicht ausser acht gelassen werden, dass die Zentralnotenbank, wenn sie diese Aufgaben befriedigend erfüllen soll, eine direkte, möglichst weitreichende Einwirkung auf den gesamten Kreditverkehr nicht entbehren kann. Sie muss in solchem Masse Kreditinstitut sein und bleiben, dass sie die Fühlung mit dem Geldmarkt und dadurch mit dem Wirtschaftsleben überhaupt stets aufrecht zu erhalten vermag. Gerade weil die Notenbanken im Gegensatz zu allen privaten Kreditinstituten eminent wichtige volkswirtschaftliche Aufgaben zu erfüllen haben, die von jedem Erwerbsinteresse losgelöst sein müssen, darum ist es notwendig, ihre dominierende Stellung in der Volkswirtschaft für die Zukunft nach Möglichkeit zu schützen und zu erhalten. Es kommt hinzu, dass an der erfolgreichen Wirksamkeit der Zentralnotenbank nicht nur die Volkswirtschaft, sondern der

Staat selbst das allergrösste Interesse hat. Denn ein geordnetes Geldwesen ist eine unentbehrliche Voraussetzung für den Staatskredit. Für den Kredit der Banknote wird daher am letzten Ende der Staat im eigensten Interesse eintreten müssen wie umgekehrt die Bank im Falle der Not den Staatskredit nach Kräften stützen wird. Bei wirtschaftlichen und politischen Krisen hat die Zentralnotenbank in erster Reihe helfend und regulierend einzugreifen. Endlich ist eine starke Zentralnotenbank für die finanzielle Rüstung des Landes im Kriegsfalle unentbehrlich.

Ich habe im vorhergehenden die wichtigsten Züge hervorzuheben versucht, die die allgemeine Entwicklung auf dem Gebiete des Notenbankwesens in neuester Zeit charakterisieren. Im einzelnen war die Entwicklung in den Hauptländern dem Grade nach verschieden, entsprechend den wirtschaftlichen Tendenzen, dem vorhandenen Kapitalreichtum und seinem Verhältnis zum Kapitalbedarf, der Struktur der Kreditorganisation und endlich der Rolle des Landes in der Weltwirtschaft. Die Wirkungen, die die Entwicklung auf die Stellung der Notenbanken ausgeübt hat, waren daher nicht überall die gleichen, und dementsprechend müssen auch die Mittel zur Befestigung dieser Stellung den verschiedenartigen Verhältnissen angepasst werden.

Am ungünstigsten ist unter den grossen Notenbanken heute in vielen Beziehungen die Stellung der Bank von England, weil gerade in England die geschilderte Entwicklung am frühesten eingesetzt hat und am weitesten vorgeschritten ist. Schon durch ihre antiquierte Organisation in ihrer Wirksamkeit behindert, musste die Bank erleben, dass ihr Notenprivileg immer mehr an Bedeutung einbüsste, je mehr der Scheck die Banknote verdrängte. Während sie selbst auf wenige Filialen beschränkt blieb, überzogen die anderen Banken das Land mit einem dichten Filialnetz. Die Herrschaft über den Geldmarkt, die Funktion als Kreditinstitut und deshalb auch die Fühlung mit dem Wirtschaftsleben hat die Bank von England mehr und mehr verloren, ihre Mittel finden nur zu einem relativ geringen Teil in kurzfristigen Forderungen Anlage. So hat sie seit langem ihr Grundkapital zum grössten Teil dem Staate geliehen, der Rest und noch ein weiterer nicht unbeträchtlicher Teil ihrer Mittel ist dauernd in Staatspapieren angelegt. Die Wechselanlage der Bank ist eine ganz geringe, sie betrug schon im Jahr 1895 nicht mehr als den vierten Teil ihrer Gesamtanlage und ist seitdem noch weiter zurückgegangen. Selbst diesen geringen Anteil am Diskontgeschäft des Landes hat die Bank sich nur dadurch erhalten können, dass sie für ihre Kunden zum Satze des offenen Marktes diskontiert. Einen erheblichen Teil ihrer Mittel legt sie in anderen Sicherheiten, Effekten jeder Art an, die sie zeitweise benutzt, um durch ihre Lombardierung den Geldmarkt zu verengen und dadurch die verlorengegangene Fühlung mit dem Markt wieder zu gewinnen, womit sie indes nur einen beschränkten Erfolg hat. Der Umstand, dass die Bank von England in geringerem Grade Kreditinstitut ist als die Zentralnotenbanken der anderen Hauptländer, ist freilich dadurch herbeigeführt, dass das Land schon frühzeitig einen grösseren Reichtum erworben und heute einen gewissen Abschluss in seiner kommerziellen Entwicklung erreicht hat.

Andererseits wurde der Bank von England die Sorge für die Erhaltung der nötigen Barreserve ganz allein überlassen. Die eigentümliche Organisation des englischen Kreditsystems hat zur Folge, dass fast die gesamte Reserve des Landes bei der Bank von England zentralisiert ist. Welche Gefahren darin liegen, dass auf der geringen Barreserve der Bank von England sich der ganze Kreditverkehr des Landes aufbaut, hebt Jaffé[6]) bei aller Anerkennung der Vorzüge ausdrücklich hervor: „Das ganze Abrechnungssystem beruht auf dem allgemeinen Vertrauen in die Zahlungsfähigkeit seiner Mitglieder und in letzter Linie der Bank von England, und die fast fabelhaft erscheinenden Summen, die hier umgesetzt werden (1903: 33 Mill. Lstrl. pro Tag), ruhen zuletzt auf der diesen Summen gegenüber winzig erscheinenden Bar-

---

6) Edgar Jaffé, Das englische Bankwesen. Leipzig 1904. S. 99.

reserve der Bank von England. Ein auch nur wenige Tage anhaltendes Schwinden dieses Vertrauens würde die ganze komplizierte Maschinerie zum Stillstand bringen und damit den Zusammenbruch des gesamten Kreditsystems Englands herbeiführen.“ Nach einer Berechnung von Gibson steht heute den reichlich 900 Mill. Lstrl. an Bankdepositen und Notenumlauf in England ein Barvorrat von nicht mehr als 63 Mill. Lstrl. gegenüber, von dem beträchtlich mehr als die Hälfte auf die Zentralbank entfällt. Die geringsten Veränderungen dieser Reserve sind daher für das ganze Land von der grössten Bedeutung. Das macht sich in den häufigen Schwankungen des Diskonts für das Wirtschaftsleben unangenehm fühlbar. In den 33 Jahren von 1876 bis 1908 hat die Bank von England 195 Diskontveränderungen vornehmen müssen. Am nächsten unter den anderen grossen Zentralnotenbanken kommt ihr erst die deutsche Reichsbank mit 122. Den Vorzug, erster Geldmarkt der Welt zu sein, muss England damit bezahlen, dass auf seine Goldreserve die Angriffe der ganzen Welt gerichtet sind. England selbst hat zwar Forderungen an alle Länder und das Gold fliesst aus den englischen Kolonien am leichtesten dem Londoner Markt zu, wo der Goldhandel zentralisiert ist. Das gibt der Bank vor den anderen Notenbanken einen ausserordentlichen Vorsprung. Aber gleichzeitig werden überall grosse Bestände an Wechseln auf England gehalten, um jederzeit Gold aus England heranziehen zu können, und der Wettbewerb am Londoner Goldmarkt hat sich verschärft.

Die Gefahren, welche dem Lande aus dem Einreservesystem in doppelter Weise drohen, sind wiederholt Gegenstand der öffentlichen Diskussion in England gewesen. Man hat die Notwendigkeit einer Stärkung dieser Reserve dabei stets anerkannt, ohne indessen bisher von den verschiedenen Vorschlägen etwas zur Ausführung zu bringen. Schon der Schatzkanzler Goschen hatte sich für eine Dezentralisation der Goldreserven ausgesprochen in dem Sinne, dass die Privatbanken gesetzlich angehalten werden möchten, ihrerseits grössere Barreserven zu halten. Neuerdings ist angeregt worden, den Depositenbanken die Verteilung einer Dividende über 10 pCt. hinaus nur dann zu gestatten, wenn sie 5 pCt. ihrer Depositen bei der Bank von England in Gold hinterlegen, um dadurch die Reserve der Bank von England zu stärken. Die Banken sträuben sich gegen die Einführung dieser Bestimmung, weil sie die Kosten für eine erhöhte Sicherheit des ganzen Landes nicht allein tragen wollen. Der Vorschlag erinnert an ähnliche, die in neuerer Zeit auch in Deutschland gemacht worden sind.

Günstiger liegen die Verhältnisse in Frankreich. Hier spielen Note und Wechsel im Zahlungs- und Kreditverkehr die Hauptrolle, während die sonstigen bargeldersparenden Zahlungsmethoden fast ganz in den Hintergrund treten. Die Position der Bank von Frankreich ist dadurch eine sehr starke, dass der Kapitalbedarf des Landes nur gering, der Kapitalreichtum sehr gross, die Bevölkerung eine stagnierende ist. Aber als Kreditquelle des Landes hat sie mit dem Wachsen des Nationalreichtums und mit der steigenden Konzentration des Kapitals in den Händen weniger Grossbanken mehr und mehr an Bedeutung verloren. Auch hier hat die Bank fast ihr ganzes Grundkapital in Staatsrenten angelegt. Ihr Anteil an dem gewaltigen Wechselumlauf des Landes, der denjenigen Deutschlands bis vor kurzem überschritt, ist, wie schon erwähnt, seit Jahren geringer als in Deutschland. Ihre Wechselanlage betrug im Durchschnitt des Jahres 1908 nur 54 pCt. ihrer nutzbringenden Kapitalanlage gegen 80 pCt. bei der Reichsbank. Die grossen und guten Wechsel fliessen ihr — wie die geringe durchschnittliche Laufzeit der von ihr angekauften Wechsel erkennen lässt — erst kurz vor dem Fälligkeitstermin zu, und zwar nur deshalb, weil deren Begebung an die Bank von Frankreich die billigste Inkassogelegenheit darstellt. Um ihre riesigen Mittel nutzbringend zu beschäftigen, setzt die Bank seit lange den Zinsfuss für die Erteilung von Lombarddarlehen meist nur um 1/2 pCt. höher als den Wechseldiskont fest. Sie findet dadurch Gelegenheit, einen grösseren Teil ihrer Mittel als dies bei anderen Zentralnotenbanken der Fall ist im Lombardgeschäft anzulegen. Ihre Lombardanlage betrug im Durchschnitt des Jahres 1908 etwa 33 pCt. ihrer gesamten nutzbringenden Kapitalanlage, bei der Reichsbank dagegen nur 7 1/2 pCt. Der enorme Goldbestand ermöglicht die Aufrechterhaltung eines niedrigen und stabilen Zinsfusses. Im Gegensatz zu den Notenbanken in England und Deutschland hat die Bank von Frankreich ihren Diskont seit 1876 nur 31 mal geändert. Aber diese Stabilität des Zinsfusses, der von den starken Schwankungen der Zinssätze in anderen Ländern fast gar nicht berührt wird, ist in Frankreich selbst als etwas Unnatürliches bezeichnet worden. Sie ist jedenfalls ein deutlicher Beweis für den Mangel an wirtschaftlicher Betätigung bei vorwiegendem Geldüberfluss. Das Festhalten an einem gleichmässigen Diskont, das geeignet ist, auch einen möglichst stabilen Kursstand der französischen Rentenpapiere herbeizuführen, entspricht zudem oft nicht der Lage des Geldmarktes. Die Bank muss infolgedessen um so mehr den Wettbewerb der grossen Privatbanken empfinden, die Wechsel potenter Firmen, besonders wenn sie auf grosse Beträge lauten, zu den billigsten Sätzen diskontieren. So geht der Bank von Frankreich nicht allein das beste Diskontmaterial, sondern auch die Fühlung mit dem Geldmarkt verloren. Der grosse Goldbesitz verleiht freilich der Bank angesichts der günstigen Zahlungsbilanz im internationalen Verkehr eine überragende Stellung. Die Rolle Frankreichs als Gläubiger der Welt, der Reichtum des Landes, der sie begründet, und die langsame industrielle Entwicklung, die keine grossen Anforderungen an das flüssige Kapital stellt, spiegeln sich in dem hohen Goldbestande der Zentralnotenbank wieder, der dem ganzen Kreditgebäude die denkbar beste Fundierung gibt. Aber diese Vorteile sind mit dem Nachteil der geringen wirtschaftlichen Aktivität erkauft, ein Nachteil, der in Frankreich selbst unangenehm empfunden wird. Ein so hoher Goldbestand, wie ihn die Bank von Frankreich hat, ist ein Luxus, den sich nur ein so reiches Land wie Frankreich leisten kann.

Bei der Oesterreichisch-ungarischen Bank steht das Wechseldiskontgeschäft noch im Vordergrunde. Die Anlage in Wechseln bildete im Jahre 1908 mit 86 pCt.

den weitaus grössten Teil ihrer nutzbringenden Kapitalanlage. Dadurch bleibt die Bank in stetem Kontakt mit dem Pulsschlag des Wirtschaftslebens. Wie die geringe Spannung zwischen dem Bankdiskont und dem Privatdiskont zeigt, ist ihre Diskontpolitik erfolgreich. Die Privatbanken haben sich nicht in dem Masse wie in Deutschland entwickelt. Die geringeren weltwirtschaftlichen Beziehungen des Landes, seine günstige Handelsbilanz — an sich freilich nicht unbedingt erfreuliche Erscheinungen — sowie die stärkere Konzentration des nationalen Goldvorrats in der Bank erleichtern die Aufgaben der Notenbank. Der Goldbestand, über den sie verfügt, und ein umfangreicher Besitz an kurzfristigen Forderungen an das Ausland gewähren ihr gegenüber den Bedürfnissen des Landes eine genügende Leistungsfähigkeit. Auch hier halten sich die Diskontschwankungen in mässigen Grenzen; seit 1876 beträgt ihre Gesamtzahl nur 43. Durch ihre vorbildliche, mit hervorragendem Erfolg betriebene Devisenpolitik ist es der Bank gelungen, die Valutaschwankungen auf ein ganz geringes Mass zu beschränken und so dem Lande die Vorteile einer stabilen Währung zu sichern. Freilich beeinträchtigen die innerpolitischen Verhältnisse einigermassen die wirtschaftliche Entwicklung. Von grosser Bedeutung für die Bank wird auch die Frage der zukünftigen Gestaltung sein, da eine Trennung in zwei Notenbanken für beide Länder, insbesondere für das mehr auf fremden Kredit angewiesene Ungarn, ausserordentlich schädlich sein würde. Selbst eine teilweise Trennung der Geschäfte müsste die Stellung der Bank sowohl im Innern des Landes, wie auch nach aussen empfindlich schwächen.

Was endlich die deutsche Reichsbank betrifft, so war diese — wie schon hervorgehoben wurde — durch ihre vorzügliche Organisation befähigt, die grosse wirtschaftliche Kraftentfaltung des Landes zu unterstützen. Wie sie diese jederzeit nach Möglichkeit gefördert hat, so wurde sie selbst dadurch emporgetragen. Die Reichsbank verfügt heute über nahezu 500 Anstalten und leistet durch ihren dezentralisierten Geschäftsverkehr, insbesondere durch den Giroverkehr, welcher im jetzigen Umfange nur auf der Grundlage eines so engmaschigen Filialnetzes möglich ist, der Volkswirtschaft grössere Dienste als irgendeine andere Notenbank. Ihr Grundkapital und ihr Reservefonds arbeiten im Betriebe mit. Ausser der in den letzten Jahren allerdings stark vermehrten Anlage in Reichsschatzscheinen besitzt die Bank keine eigenen Wertpapiere. Wie bei der Oesterreichisch-ungarischen Bank und der Belgischen Nationalbank besteht ihre Anlage vorwiegend aus Wechseln. Wenn auch der Anteil des Wechselportefeuilles an der gesamten nutzbringenden Kapitalanlage infolge der vermehrten Diskontierung von Reichsschatzanweisungen und wegen der notwendigen Abstossung von Prolongationswechseln gegen früher im Rückgange begriffen ist, so bezifferte sich die Wechselanlage der Reichsbank im Durchschnitt des Jahres 1908 doch noch auf 80 pCt. ihrer nutzbringenden Kapitalanlage.

Aber alles dies kann nicht darüber täuschen, dass mit der wirtschaftlichen Entwicklung die Anforderungen, die an die Reichsbank gestellt werden, immer mehr gewachsen sind, dass ihre Position schwieriger geworden ist, und dass die Bank sich infolge der starken Verschiebungen im Zahlungs- und Kreditverkehr völlig veränderten Verhältnissen gegenübersieht.

Die durch die rasche Bevölkerungsvermehrung beschleunigte industrielle Entwicklung in Deutschland bedingte mit Notwendigkeit eine völlige Veränderung seines wirtschaftlichen Gepräges und eine zunehmende Ausbreitung seiner internationalen Beziehungen. Damit war naturgemäss eine bedeutende Steigerung der Kapitalbedürfnisse sowie eine zeitweilige Verschlechterung der Zahlungsbilanz verbunden. Gleichzeitig mit dem Siegeslauf der deutschen Industrie, deren wichtigste Schrittmacher sie waren, haben sich die grossen Privatbanken allmählich zu Riesen-instituten entwickelt. Dies alles hat auf die Reichsbank in der nachhaltigsten Weise zurückgewirkt.

Das rastlose Wachstum unserer Volkswirtschaft musste zu einer beträchtlichen Erhöhung des Zinsfusses führen. Deutschlands stärkere Verflechtung in den Welthandel hatte zur Folge, dass die deutsche Volkswirtschaft weit mehr als früher von den internationalen Konjunkturwellen erfasst wurde. Das kommt nach aussen hin auch in der steigenden Zahl der Diskontschwankungen zum Ausdruck. Während noch in den 20 Jahren von 1876 bis 1895 die Reichsbank ihren Diskont nur 66 mal zu ändern brauchte, die Bank von England dagegen 132 mal, also genau doppelt so oft, stellen sich die Zahlen in den letzten 13 Jahren bei der Reichsbank auf 56, bei der Bank von England auf 63. Je mehr die Machtsphäre der Privatbanken sich erweiterte, desto mehr wurde der Einfluss der Reichsbank zurückgedrängt. Wie oben eingehend dargetan, ist in den letzten Jahren bei im ganzen stärkerer Anspannung die Inanspruchnahme der Reichsbank immer schwankender und die Diskontpolitik immer schwieriger geworden. Die Kreditbedürfnisse des Landes spiegeln sich nicht mehr so rein wie früher in den Veränderungen des Status wieder. Zwischen der Lage der Reichsbank und den Verhältnissen am Geldmarkt droht sich vielmehr ein immer schärferer Gegensatz herauszubilden, da auf die Gestaltung des Geldmarkts andere Faktoren einen stetig zunehmenden Einfluss gewonnen haben. Gegenüber allen diesen Veränderungen war die Reichsbank selbst durchaus machtlos. Sehr mit Unrecht wird ihr in Verkennung der wahren Ursachen die Schuld an dem hohen Diskont zur Last gelegt. Die starke Steigerung des Diskonts hat den Anlass gegeben, dass in Deutschland neuerdings die Aufmerksamkeit auf die Verhältnisse der deutschen Geldverfassung hingelenkt und die verschiedensten Reformbestrebungen in den Kreis der Erörterung gerückt wurden.

Auch durch die vorstehenden Betrachtungen drängt sich die Frage auf, ob die Veränderungen in der Stellung der Notenbanken, insbesondere derjenigen der Reichsbank, in Zukunft irgendwelche Massnahmen, sei es gesetzgeberische, sei es solche im Verwaltungswege, erfordern werden. Eine eingehende Erörterung dieser Frage würde den Rahmen dieser Ausführungen überschreiten. Hier kam es vor allem darauf an, in einer zusammenfassenden Darstellung zu zeigen, wie sehr sich die Stellung der Notenbanken durch die neueste Entwicklung verschoben hat. Nur in Kürze möchte ich noch die Vorschläge berühren, die von verschiedenen Seiten gemacht worden sind, und die darauf hinzielen, die Stellung der Reichsbank für die Zukunft zu kräftigen. Einer eingehenden Würdigung kann ich mich dabei um so mehr enthalten, als die Massnahmen, die zu diesem Zweck in Betracht kommen, zum Teil Gegenstand der Beratungen in der im vorigen Jahr veranstalteten Bankenquete waren und in der Presse und Fachliteratur wiederholt in der ausführlichsten Weise besprochen worden sind.[7]) Zum Teil werden die gleichen Massnahmen in Frage kommen, deren Anwendung sich schon bei anderen Notenbanken bewährt hat. Teilweise handelt es sich auch um Vorschläge, die mit dem Gegenstand unserer Betrachtung nur in einem mittelbaren Zusammenhange stehen.

In den Beratungen der Bankenquete ist allgemein der Standpunkt vertreten worden, den auch die Regierung von vorneherein dahin präzisiert hatte, dass an den Grundpfeilern der Organisation der Reichsbank nicht gerüttelt werden solle. Nur um ein Ausbauen ihrer Stellung kann es sich für die Zukunft handeln. Dabei wird es einmal darauf ankommen, die Reichsbank durch Stärkung ihrer baren Mittel auf eine breitere Basis zu stellen, um ihre Leistungsfähigkeit gegenüber den mit der wirtschaftlichen Entwicklung gestiegenen Ansprüchen zu erhöhen. Zweitens aber wird überhaupt eine Befestigung ihrer Stellung innerhalb der Kreditorganisation nach Möglichkeit anzustreben sein, um ihrer Diskontpolitik wieder grössere Erfolge zu sichern. Beide Fragen stehen teilweise im Zusammenhang.

Mit der ersten hat sich vor allem die im vorigen Jahre veranstaltete Bankenquete eingehend beschäftigt, deren Verhandlungen ganz unter dem Eindruck der riesigen Anspannung der Reichsbank und der dadurch hervorgerufenen hohen Diskontsätze in den Jahren 1906/07 standen. Daher kam es hierbei vor allem darauf an, zu untersuchen, auf welchem Wege eine Vermehrung der Mittel der Reichsbank er-

---

[7]) Vgl. auch die sachkundigen Darlegungen von Dr. Julius Landmann: „Zur Abänderung des deutschen Bankgesetzes" in den Nr. 11 und 12 des Bank-Archivs 1909.

reichbar wäre, insbesondere eine Stärkung des Goldbestandes, um nach Möglichkeit die Wiederkehr so hoher Zinssätze, wie sie in der letzten Zeit notwendig waren, zu vermeiden oder wenigstens einzuschränken. Die Verstärkung des Goldbestandes ist auch von besonderer Wichtigkeit, da in Deutschland — wenn auch in geringerem Grade als in England — der bei der Zentralnotenbank vorhandene Goldbestand ein verhältnismässig kleiner ist. Er ist jedenfalls nicht in dem Masse gewachsen wie das Kreditgebäude, welches er zu tragen hat. Der im freien Verkehr vorhandene Goldumlauf ist zwar bei der grossen Rolle, welche das Gold im Zahlungsverkehr in Deutschland immer noch spielt, erheblich grösser als in England, indessen weisen die Aussagen von Sachverständigen in der Bankenquete über die beträchtliche Höhe des Goldverbrauchs für industrielle Zwecke darauf hin, dass die Höhe des Goldvorrats im freien Verkehr doch hinter den bisherigen Schätzungen zurückbleiben dürfte. Als Massnahmen zur Stärkung des Goldbestandes der Reichsbank kommen sowohl solche in Betracht, welche den inländischen, wie auch solche, die den Verkehr mit dem Auslande betreffen.

Zu den ersteren gehört die Ausstattung der Reichsbanknoten mit der Eigenschaft als gesetzliches Zahlungsmittel, die Ausgabe kleiner Noten, die weitere Ausbildung des Giro-, Scheck- und Clearingverkehrs, alles Massnahmen, durch welche eine stärkere Konzentration des nationalen Goldbestandes im Zentralreservoir der Reichsbank gefördert werden soll.

Alle diese Massnahmen haben den Vorteil, dass sie die Aktionskraft der Bank steigern, da das in ihren Kassen konzentrierte Gold als Basis für einen Notenumlauf bis zum dreifachen Betrage wirksamer ist als im freien Verkehr. Nicht zu verkennen ist freilich auf der anderen Seite, dass damit eine Schwächung der im freien Verkehr vorhandenen Goldreserven verbunden ist, die aus den schon angedeuteten Gründen besonders ins Gewicht fällt.

Eine Stärkung des Goldbestandes der Reichsbank würde auch bei Ausführung des Vorschlages erreicht werden, der von Heiligenstadt in seiner Arbeit über den deutschen Geldmarkt gemacht worden ist[6]). Heiligenstadt will einen angemessenen Teil des volkswirtschaftlichen Betriebskapitals liquide erhalten und gleichzeitig die Barmittel der Reichsbank verstärkt wissen. Beides sind wichtige Aufgaben, deren Erfüllung in hohem Grade wünschenswert ist. Sein Vorschlag geht dahin, dass sämtlichen Kreditinstituten einschliesslich der Sparkassen die Pflicht auferlegt werden soll, eine bestimmte Quote der ihnen anvertrauten fremden Gelder in bar bei der Reichsbank zu hinterlegen. Schon im Jahre 1896 hat eine Reichstagskommission eine Resolution angenommen, die davon ausging, dass die gewerbsmässige Verwendung fremder Gelder seitens der Banken Sicherheitsmassregeln für das mit Einlagen solcher Art beteiligte Publikum erforderlich mache. Eine Resolution ähnlichen Inhalts ist auch diesmal in der Reichstagskommission, die mit der Beratung der Banknovelle beschäftigt ist, eingebracht worden.

Es ist also dieselbe Forderung, die auch in England bei den Vorschlägen zur Stärkung der Barreserve erhoben wird. Ausserdem darf daran erinnert werden, dass in den Vereinigten Staaten von Amerika bereits gesetzliche Vorschriften für die Deckung der Depositen bestehen.

Heiligenstadt schlägt ferner vor, dass das Reich für die Dienste, welche es von der Reichsbank empfängt, einen entsprechenden Betriebsfonds im Betrage von mindestens 300 Mill. M. bei der Reichsbank bereithalten soll, statt wie bisher ihre Leistungsfähigkeit für die Volkswirtschaft durch dauernde Belastung mit Schatzanweisungen erheblich zu beeinträchtigen. Ob die Schaffung eines solchen Betriebsfonds in absehbarer Zeit möglich sein wird, ist bei der Finanzlage des Reiches zu bezweifeln. Jedenfalls wäre aber auch mit Rücksicht auf die steigende Inanspruchnahme der Reichsbank durch die Diskontierung von Reichsschatzanweisungen die Durchführung der Reichsfinanzreform dringend erwünscht.

---

[6]) Heiligenstadt, der deutsche Geldmarkt, Schmollers Jahrbuch, XXXI. Bd.

Zur stärkeren Heranziehung von Gold aus dem Auslande dient die Bewilligung zinsfreier Vorschüsse auf Goldimporte, ferner die variable Festsetzung der Ankaufspreise für Gold, vielleicht auch die Schaffung eines Goldmarktes in Deutschland, vor allem aber die planmässige Handhabung der Devisenpolitik.

Die Devisenpolitik bildet für die Reichsbank eine wichtige, vielleicht die wichtigste Unterstützung der Diskontpolitik. Ihrer geschickten kaufmännischen Handhabung verdankt es die Oesterreichisch-ungarische Bank, dass sie in der Lage war, ihren Diskont im ganzen auf einem stabilen Niveau zu erhalten. Die Reichsbank hat nach den wertvollen Anregungen, die sie von der Oesterreichisch-ungarischen Bank und der Belgischen Nationalbank erhalten hat, diesem Geschäftszweige schon jetzt grössere Aufmerksamkeit zugewendet und ist bemüht, ihre praktischen Erfahrungen auf diesem Gebiete zu vertiefen. Der Bestand an Devisen und ausländischen Guthaben ist seit einiger Zeit allmählich gesteigert worden. Er stellte sich noch am 7. Januar 1908 auf 36 Mill. M., d. s. nur 3 pCt. des Inlandwechselbestandes, und betrug am 23. Januar d. J. 174 Mill. M., d. s. 26 pCt. des Inlandwechselbestandes. Die Reichsbank verhehlt sich indessen nicht, dass sie auf ähnliche Erfolge, wie sie die Oesterreichisch-ungarische Bank erzielt hat, kaum wird rechnen können, da sie im Gegensatz zu dieser zur unbedingten Einlösung ihrer Noten in Gold verpflichtet ist und ausserdem die starke Passivität der Handelsbilanz die Einwirkung auf die Devisenkurse erschwert. Ein stärkeres Devisenportefeuille ist aber gleichwohl in Zukunft für die Reichsbank unerlässlich, und auch deshalb sehr wünschenswert, weil es für sie angesichts der vermehrten Ansammlung deutscher Wechsel in den Händen ausländischer Banken, insbesondere der Zentralnotenbanken, und der dadurch möglichen gelegentlichen Entwertung der Markwechsel im Auslande eine Art Gegenrüstung darstellt und der Reichsbank eine wertvolle Waffe zur Anwendung wirksamer Retorsion in die Hand gibt.

Bei Beurteilung der Massnahmen, die auf die Stärkung der Barmittel der Reichsbank durch Heranziehung von Gold aus dem Ausland oder Milderung des

Goldabflusses hinzielen, wird man sich freilich davor hüten müssen, ihre Wirksamkeit zu überschätzen. Die internationalen Goldströmungen bilden das letzte Mittel zum Ausgleich der jeweiligen Zahlungsbilanz. Diese kann durch die Politik der Notenbanken vorübergehend im günstigen Sinne beeinflusst werden; auf die Dauer ist dazu aber selbst die mächtigste Notenbank nicht imstande.

Die Regulierung des Verhältnisses zwischen Barvorrat und täglich fälligen Verbindlichkeiten wird in der Hauptsache immer durch die Diskontpolitik erfolgen müssen. Insofern sind aber die angeführten Massnahmen von Bedeutung, als sie sich mehr oder minder dazu eignen, die Wirkung der Diskontpolitik zu unterstützen.

Was die allgemeine Frage der Befestigung der Stellung der Reichsbank im Kreditverkehr und die Mehrung ihres Einflusses auf den Geldmarkt auch in geldflüssigen Zeiten anlangt, so bildet diese Frage zweifellos den schwierigsten Teil des Problems. Denn es würde sehr schwer sein, die weitere Ausdehnung der neben der Reichsbank auf dem Geldmarkt wirkenden Kräfte einzuschränken. Andererseits aber wäre eine weitere Zurückdrängung der Reichsbank im Gesamtinteresse der deutschen Volkswirtschaft wie des Reiches äusserst bedenklich.

Dass die Erhöhung der eigenen Mittel der Bank (Grundkapital und Reserven) nur eine begrenzte Wirkung auf die Lage der Reichsbank haben kann, dürfte nicht ernstlich mehr bestritten werden können. Die einzige bisher für die Reichsbank bestehende Möglichkeit, Geld aus dem Markte zu ziehen, bietet die gelegentliche Rediskontierung von Schatzanweisungen. Eine starke Belastung der Reichsbank mit Schatzanweisungen ist aber aus volkswirtschaftlichen und finanzpolitischen Gründen nicht erwünscht.

Von verschiedenen Seiten ist deshalb die Annahme verzinslicher Depositen durch die Reichsbank angeregt worden, ein Vorschlag, dessen Ausführung zweifellos eine tiefgehende Wirkung auf unsere gesamte Kreditorganisation ausüben würde. Die Meinungen darüber gehen weit auseinander. Diejenigen, welche ihn befürworten, gehen davon aus, dass dadurch ein grosser Teil der flüssigen Gelder unter die Kontrolle der Reichsbank gebracht würde, und dass dies für sie der beste Weg wäre, um die verfügbaren Kapitalien aufzusaugen und ihre Stellung auf dem Geldmarkt wieder zu befestigen. Von den Gegnern wird hauptsächlich geltend gemacht, dass die Annahme verzinslicher Depositen die Reichsbank unbedingt zwingen würde, nutzbare Anlagen für diese Gelder zu suchen. Das würde aber innerhalb des für eine Notenbank zulässigen Geschäftskreises auf sehr grosse Schwierigkeiten stossen. Ausserdem wären die verzinslichen Depositen ein weit unzuverlässigerer Faktor als die gleichsam einen eisernen Kassenbestand darstellenden unverzinslichen Giroguthaben; sie würden also die Reichsbank in Zeiten, in denen nutzbringende Anlagen schwer zu finden sind, belasten und ihr in Zeiten eines wachsenden Geldbedarfs am frühesten entzogen werden.

Immerhin verdient diese sehr komplizierte Frage trotz der nicht unberechtigten Bedenken ernste Beachtung, zumal der Reichsbank die Annahme verzinslicher Depositen schon jetzt bis zur Höhe ihrer eigenen Mittel gestattet ist, der Gesetzgeber also mit der Möglichkeit rechnete, diesen Geschäftszweig, wenn auch zunächst nur in beschränktem Umfang, zu pflegen. Eine endgültige Stellungnahme erscheint indes heute schon deshalb nicht möglich, weil die in ihren Folgen nur schwer übersehbare Massnahme in einem gewissen Zusammenhang steht mit dem Problem, ob und in welcher Weise für die Sicherheit und die Liquidität der Anlage von Depositen- und Spargeldern auf dem Wege der Gesetzgebung oder im Verwaltungswege Sorge getragen werden kann. Diese wichtige Frage bedarf in Deutschland noch einer eingehenden Prüfung. Auch die Enquete-Kommission wird hierüber noch zu beraten haben.

Zur Mehrung ihres Einflusses auf dem Geldmarkt könnte vielleicht für die Reichsbank in Zukunft, namentlich in geldflüssigen Zeiten, die Gewährung grösserer Fazilitäten im Diskont- und Lombardgeschäft in Frage kommen. In der Hauptsache wird es sich hierbei um das Diskontgeschäft handeln, da das Bankgesetz aus gutem Grunde neben dem Barvorrat nur Wechsel als Notendeckung zulässt.

Die Wirkungen aber, welche auf rein materiellem Gebiet vielleicht nicht ganz ohne Schwierigkeiten zu erzielen sein werden, können auf dem ideellen Gebiet mit Erfolg unterstützt werden durch eine Verständigung zwischen der Reichsbank und den übrigen grossen Kreditorganen, die heute ebenfalls eine Macht in der Volkswirtschaft darstellen. Ansätze dazu sind in Deutschland bereits vorhanden. Durch ein Hand-in-Hand-Arbeiten und durch die Aufrechterhaltung einer ununterbrochenen Fühlung zwischen diesen beiden Faktoren wird gewiss am allerbesten der Allgemeinheit gedient werden können. Dabei wird man sich stets vor Augen halten müssen, dass zwischen der Zentralnotenbank und den übrigen am Kreditverkehr des Landes beteiligten Instanzen trotz mancher Kollisionsmöglichkeiten auf einzelnen Gebieten doch im ganzen eine weitgehende Interessengemeinschaft besteht. Bei sämtlichen Kreditorganen muss sich immer mehr die Erkenntnis Bahn brechen, dass die starken Wurzeln ihrer Kraft in einer gedeihlichen Weiterentwicklung unseres gesamten Wirtschaftslebens liegen, die daher den Gegenstand gemeinsamer Sorge bilden muss.

Zum Schluss möchte ich noch mit einigen Worten der Vorschläge gedenken, die eine Verständigung zwischen den verschiedenen Notenbanken betreffen. Sie verfolgen vor allem das Ziel, die wirtschaftlich unerwünschten und kostspieligen Goldsendungen im internationalen Verkehr zu beseitigen oder wenigstens einzuschränken. So ist bekanntlich schon vor Jahren der Vorschlag zur Schaffung einer internationalen Banknote gemacht worden. Die Vorgänge des Jahres 1907 haben diese Bestrebungen von neuem hervortreten lassen. Besondere Beachtung verdient es, dass auch der Schatzsekretär der Vereinigten Staaten die Einberufung einer Konferenz befürwortet hat, die über Massnahmen zur Abstellung der internationalen Goldsendungen und der durch sie hervorgerufenen Schwierigkeiten beraten soll. Die gleiche Absicht leitete den italienischen Finanzminister L u z a t t i, als er im Jahre 1907 unter dem Eindruck der internationalen Geldkrisis die Berufung einer internationalen Friedenskonferenz im Kampf um das Gold zur Erwägung stellte. So erwünscht die Verwirklichung solcher Pläne auch ist, so muss es doch als fraglich bezeichnet werden, ob sie in nächster Zeit gelingen wird. Ueber die zur Erreichung des Zieles notwendige Schaffung eines internationalen Golddepots wird wohl schwerlich eine Einigung erreichbar sein, da politische und wirtschaftliche Verschiedenheiten mancherlei Interessengegensätze hervorrufen, die sich kaum ausgleichen lassen werden. Leichter als internationale Verständigungen würden Abmachungen zwischen einzelnen Notenbanken sein, wiewohl auch hier der Erfüllung berechtigter Wünsche vielfach tatsächliche Schwierigkeiten im Wege stehen.

In den Vordergrund des Interesses ist gegenwärtig auch der internationale Giroverkehr getreten, dessen Pflege vor allem die Oesterreichische Postsparkasse sich angelegen sein lässt. Mit der Ausdehnung der internationalen Zahlungsverpflichtungen wird die Frage für die Zentralnotenbanken an Bedeutung gewinnen, ob sie, wie wiederholt angeregt, die Förderung dieser Bewegung übernehmen können oder ob sie diese der privaten Initiative überlassen sollen.

So fehlt es nicht an Bestrebungen, die den grossen Veränderungen des wirtschaftlichen Verkehrs durch neue Mittel Rechnung zu tragen suchen. Aufgabe einer sorgfältigen Prüfung wird es sein, aus den verschiedenen Vorschlägen das Brauchbare auszuwählen, damit Schwierigkeiten, deren Bedeutung einmal erkannt ist, für die Zukunft beseitigt oder gemildert werden können. Ihre Beteiligung hieran dürfen die Notenbanken bei ihrer Zentralstellung in der Volkswirtschaft nicht versagen. Das Wirtschaftsleben ist in unaufhörlicher Veränderung begriffen und das rastlose Fortschreiten stellt immer neue Aufgaben, insbesondere auf dem Gebiet des Geld- und Bankwesens, das den eigentlichen Mittelpunkt im modernen Wirtschaftsverkehr bildet. Somit werden auch die Richtlinien für die Bankpolitik im Laufe der Zeit mehr oder weniger verschoben. Es ist daher unerlässlich, dass die Zentralnotenbanken alle Vorgänge und Veränderungen des Wirtschaftslebens im Auge behalten und ihre Massnahmen danach treffen. Sie dürfen nicht achtlos beiseite stehen angesichts der noch im Fluss befindlichen tiefgreifenden Entwicklung, die sich um sie her vollzieht, und die durch die wachsende Konzentration des Kapitals die stärksten Umwälzungen zur Folge hat. Sie müssen stets eingedenk sein ihrer Hauptaufgabe für die planmässige Regelung des Geldumlaufs sowie für die Aufrechterhaltung und den Schutz der Landeswährung. Sie müssen bestrebt sein, Krisen nach Möglichkeit vorzubeugen und Störungen des Wirtschaftslebens überwinden zu helfen. In ihrer Hand ruht vor allem die Sorge für die finanzielle Kriegsbereitschaft und Kriegsführung. Nur wenn sich die Notenbanken dieser verantwortungsvollen Aufgaben stets bewusst bleiben, nur wenn die starke Basis ihrer Stellung unversehrt bleibt, werden sie auch in Zukunft eine erfolgreiche Wirksamkeit ausüben können zur weiteren Förderung der Volkswirtschaft, zum Wohle und Gedeihen des Landes.

FSC
www.fsc.org
MIX
Papier | Fördert gute Waldnutzung
FSC® C083411

Kolibri 360 GmbH
Ferdinand-Jühlke-Straße 7
99095 Erfurt, Deutschland
produktsicherheit@kolibri360.de